GRILLOT DE GIVRY

Le Grand Œuvre

XII MÉDITATIONS
SUR LA VOIE ÉSOTÉRIQUE
DE L'ABSOLU

« Sapientes abscondunt scientiam. »
(*Proverb. X. 14.*)

« Qui revelat mysteria ambulat fraudulenter. »
(*Proverb. X. 14.*)

« Fermez les bouches ! Clôturez les bouches ! »
(*Papyrus Magique Harris*)

PARIS
BIBLIOTHÈQUE CHACORNAC
11, Quai Saint-Michel
MCMVII

GRILLOT DE GIVRY

—

LE GRAND ŒUVRE

L'ŒUVRE DE GRILLOT DE GIVRY

TEXTES HERMÉTIQUES

Aphorismes Basiliens, nouvellement mis en lumière par GRILLOT DE GIVRY.

Traité des sept Grades de la Perfection, de SAVONAROLE, traduit pour la première fois de l'italien, par GRILLOT DE GIVRY. (*Epuisé*).

Traité des trois Essences Premières, de PARACELSE, traduit pour la première fois du latin, par GRILLOT DE GIVRY.

PERIÉGÈSE THÉURGIQUE

Les Villes Initiatiques :
I. LOURDES. Etude hiérologique. 1 vol. in-18.

Prochainement :

II. PARAY-LE-MONIAL. — III. SIENA. — IV. SANTIAGO DE COMPOSTELA.

En Préparation :

Essai sur la Préhistoire.

SAINT-AMAND (CHER). — IMPRIMERIE BUSSIÈRE.

GRILLOT DE GIVRY

Le Grand Œuvre

XII MÉDITATIONS
UR LA VOIE ÉSOTÉRIQUE
DE L'ABSOLU

« Sapientes abscondunt scientiam. »
(Proverb. X. 14.)

« Qui revelat mysteria ambulat
fraudulenter. »
(Proverb. X. 14.)

« Fermez les bouches ! Clôturez
les bouches ! »
(Papyrus Magique Harris).

PARIS
BIBLIOTHÈQUE CHACORNAC
11, Quai Saint-Michel
MCMVII

Il a été tiré de cet ouvrage :
Un exemplaire sur grand papier du Japon
et
Sept exemplaires sur grand papier
de Hollande

OB

MEMORIAM · PATRIS · MEI

SERVANDAM

FERALEM · HANC · STELAM

EREXI

POST · VARIAS · AC · PROLIXAS

MARI · TERRAQUE

PEREGRINATIONES

AD · PATRIAM · TRANSIVIT

REQUIESCAT

RESVRRECTIONEM · EXSPECTANS

IN · PACE · XRISTI

In te Domine speravi; non confundar in æternum !

LE MYSTERIVM MAGNVM

AU-DESSUS *de nous, dans les sphères éternelles d'où émanent la Lumière et la Vie, règne le mystère, insondable et splendide, de l'Absolu.*

L'Absolu enserre notre être comme un involucrum, et borne le cercle étroit de nos concepts précis ; en toutes choses il a imprimé sa commonéfaction.

Ténèbres, Inconnu pour ceux qui n'ont pas la Science, il n'est qu'un voile qui recouvre la Cause Première, et qui se lève devant les Initiés.

Heureux celui qui l'aura su déchirer avant l'heure ! car la Lumière qu'il connaîtra déjà ne l'éblouira pas par sa vision inattendue.

Mais que ceux qui se seront complu dans l'inexistant craignent que, pour eux, le gardien du seuil ne soit obligé de l'écarter lui-même !

Alors, à la vue de ce qu'ils n'avaient jamais soupçonné, de ce qu'ils avaient contemné peut-être, ils tomberont anéantis dans les profondeurs du chasme, où, n'ayant plus conscience d'eux-mêmes, ils perdront leur entité et ne se retrouveront plus !

O la paucité et la parvité des doctes, en cet instant décisif ! Que de regrets d'actes non accomplis, de projets non exécutés ! Combien, ne pouvant réparer les omissions et les erreurs, devront, imparfaits, incomplets, impurs, accepter leur réalisation définitive !

Suis-moi donc, mon Disciple, dans la Voie de l'Absolu que je vais t'enseigner ; suis-moi, et je te promets qu'un jour tu ceindras ton front de la couronne de lumière, du diadème d'or des Sages, réservé à ceux qui, pendant leur vie, auront accompli l'Œuvre qui résume toute œuvre.

Beaucoup ont entendu discourir du Grand Œuvre. Quelques-uns se proposent de s'y adonner, mais bien peu en abordent la quæsition.

Tous disent : « Plus tard, quand nous aurons conquis le loisir et le calme ». Mais le loisir et le calme ne viennent jamais, tandis que l'Absolu te réclamera sans faute, puisque tu émanes de lui.

Oh ! passer sur cette terre sans avoir déchiffré l'énigme, sans avoir pénétré le secret inexsupérable que certains, parmi nos aïeux, connurent, le pourrais tu, toi qui as déjà quémandé la Sapience auprès de tant d'hommes qui ne la possédaient pas ?

Le Grand Œuvre ! Le Grand Œuvre ! Vocable

prestigieux ! Fulgurante splendeur ! D'aucuns, dans les âges écoulés, auraient donc contemplé cette merveille, l'auraient possédée intégralement, et toi, tu la laisserais, inexpliquée, dans les livres !

Et dans l'au-delà, doué alors de la plénitude de ta lucidité perceptive, tu verrais la phalange triomphale des Sapients, inondés d'une joie radieuse, éperdus de bonheur et d'allégresse, se délecter de la PIERRE DES PHILOSOPHES, *s'en nourrir pour l'éternité et tu n'aurais aucune part à ce festin !*

Et tu entendrais les blanches théories des Initiés te crier comme Dante :

Guai a voi anime prave
Non isperate mai veder lo cielo !

tandis qu'elles s'éloigneraient pour jamais, triomphantes, dans la Lumière, et te laisseraient seul, au sein des ténèbres grandissantes, leur diazome sinistre s'étendant autour de toi !

Que cette pensée suffise donc à t'inspirer le regret de ta néglection du Magistère des Sages.

Plût à Dieu qu'il ne soit pas trop tard, et que tu ne te trouves déjà trop avancé dans la vie pour entreprendre de le parachever !

Car si l'ascèse n'a pas commencé au sortir de l'adolescence, il est douteux que tu puisses parvenir jamais à la perfection. C'est dans ce sens que Nicholas Valois a

1*

dit : « *Le Printemps avance l'Œuvre* ». Et Saint Tho-
mas d'Aquin : « *Dans les premiers jours, il importe
de se lever de grand matin et de voir si la vigne est
en fleurs* ».

Applique-toi donc sans retard, et avec la bénédiction
de Jésus-Christ, à sa mathèse et à son agnition.

C'est, mon Disciple, pour te diriger dans
celle voie que j'ai entrepris, le
Saint-Esprit invoqué, d'écrire
les douze médita-
tions suivantes.

Laus à
Dieu.

LE GRAND ŒUVRE

XII MÉDITATIONS

SUR

LA VOIE ESOTÉRIQUE DE L'ABSOLU

MÉDITATION PREMIÈRE

LE SVBJECTVM ARTIS

Nicholas Valois l'alchimiste, a dit : « La Science des Philosophes est la connoissance de la puissance universelle des choses ».

Dans la nuit obscure de ton âme, tu as parfois aspiré, mon Disciple, à une Lumière incommensurable qui viendrait, en un jour lointain et indéfini, illuminer ta détresse.

Tu as rêvé, vision confuse, d'allégresses, d'harmonies surhumaines, d'omniscience, de puissance illimitée.

Tu as pressenti — après les ténèbres et la morne tristesse du chaos où, confusément, tu te débats — de la splendeur.

Et voici que la ligne d'horizon de ta vie s'empourpre, et te laisse entrevoir quelque chose de meilleur et de plus parfait.

Empresse-toi de te diriger vers cette lueur encore indécise. Suis-la ; c'est l'étoile des Mages qui se lève pour toi et qui va te conduire, si tu ne quittes du regard, vers le Maître du Monde.

Livré à toi-même, tu t'es caractérisé par le désordre des idées et le désordre des actes.

Le spécifique à ce désordre est la rentrée en toi-même.

La rentrée en toi-même exige l'effort de volonté continu et durable.

L'effort de volonté continu et durable nécessite une règle de vie.

La règle de vie comporte une série d'actes spirituels qu'il te faut accomplir scrupuleusement.

La première norme, qui résume toutes les autres, c'est le désintérêt des dires et des actes des hommes.

Enveloppe-toi d'indifférence comme d'un manteau ; voilà la clef de la vie magique. Libère-toi des contingences. Délivre-toi de toute hylophilie. Enferme-toi dans ta pensée et dans ta science. Sois le solitaire, le vrai Μοναός; construis-toi une cellule dans ton propre cœur.

Accepter une vie obscure lorsqu'on est affamé de gloire, c'est le summum de la perfection alchimique ; ainsi, rigoureusement, les Saints ont accompli le Grand Œuvre.

L'idéal que tu t'es créé est un royaume dans lequel tu règnes en souverain maître ; que désires-tu de plus ?

Tu es Roi au moment où les trônes s'écroulent ! Tu es Sacerdote au moment où les hiérophanies chancellent !

Méprise la foule, méprise le peuple, méprise la masse ; fuis les faces patibulaires. L'être d'exception seul est digne de ton intérêt.

L'expansion populaire n'est considérable que hiérarchisée. Une foule disciplinée a construit le monument occulte par excellence, le monument qui ne projette pas d'ombre : la Pyramide ; les foules indisciplinées n'ont jamais su que pousser des cris et piller, ce qui est à la portée de tous ; veux-tu te joindre, simple unité, à celles-ci ? Renonce alors au Grand Œuvre ; la Voie de l'Absolu ne s'ouvrira jamais pour toi.

Vouloir posséder la Sapience et en même temps l'approbation populaire, c'est dérision.

« Agir consiste aussi à ne pas agir », a dit Lao-Tseu ; souviens-t'en. Lorsque la foule hurle et bataille au dehors, toi, mon Disciple, veille sur l'athanor de ton âme, et ne t'immisce pas dans les advélitations et les luttes.

Si tu n'éprouves aucune peine à ignorer ce qu'on pense et ce qu'on dit de toi, courage ! tu as déjà progressé dans la Voie de l'Absolu.

La réputation n'est rien ; le témoignage seul de la conscience importe. A quoi te sert de passer pour saint, si tu n'as pas la paix hermétique en ton cœur ?

Il faut donc, suivant la *Scala Philosophorum*, commencer l'œuvre lorsque le Soleil est dans Aries, et la Lune dans Taurus.

Riplée et le Rosaire nous assurent qu'il faut un an pour obtenir la Pierre Philosophale dans toute sa stabilité et sa firmitude ; et Bernard le Trévisan y ajoute sept jours.

Comprends et médite ces paroles. Efforce-toi de développer les forces latentes qui subsistent en toi. Ordonne ta vie suivant les normes occultes. Tu es la matière même du Grand Œuvre ; albifie-toi, spiritualise-toi, purifie ton astralité, dégage-toi des ombres Cimmériennes.

Mais si tu préfères t'abandonner au hasard des événements, pleure alors sans espérance ; tu ne connaîtras que l'insuccès et les désillusions et tu n'entreras jamais dans l'assem- blée des Philosophes.

MÉDITATION II

PRÉPARATION ET PURIFICATION

PHILALÈTHE a dit : « De quelque façon qu'on traite le mercure vulgaire, on n'en fera jamais le ☿ philosophique ».

Si ton âme est d'un rustre, c'est en vain que tu prétends au Magistère.

As-tu déjà senti la nécessité de t'élever vers le ciel, de sortir de ta gangue, de briser ta chrysalide ?

Si tu ne possèdes pas ce levain, ce ferment d'élection, sois persuadé qu'il est inutile de rien entreprendre.

Si tu es d'argile, tu resteras d'argile. Si tu as placé ton idéal dans la fange, tu ne peux songer à la sublimation, à la transmutation définitive, à l'égression de la géhenne terrestre. Homme vulgaire, tu ne deviendras jamais un Sapient.

Il est une alchimie transcendentale, c'est l'alchimie de soi-même. Elle est préalablement nécessaire pour parfaire l'alchimie des éléments. La noblesse de l'œuvre requiert la noblesse de l'œuvrant.

Construis l'athanor; prépare l'œuf philosophique; dispose l'aludel ; sépare le subtil de l'épais ; recueille les larmes de l'aigle et le sang du lion ; fais que ce qui est occulte devienne manifeste ; ce sont les préliminaires de l'Œuvre, sans lesquels tu ne peux réussir.

La transmutation doit s'opérer en ton âme. La Pierre, dans son état définitif, c'est l'Absolu luimême ; le dissolvant purificatoire, ce sont les formules de beauté et de perfection dont tu orneras ta vie.

Le Magistère est Soufre, Sel et Mercure ; ainsi ton âme sublimée qui est le véritable Mercure des Philosophes, s'unira au Soufre de l'amour divin; par le Sel de la mortification et des épreuves.

Coordonne donc toutes tes actions et toutes tes impressions afin d'en former un ensemble harmonique parfait. Efforce-toi d'acquérir l'extrême lucidité de ton entendement. Détourne-toi de ce qui salit la vue. N'écoute pas ce qui pollue l'oreille. Exalte en toi le sentiment de la personnalité, pour t'efforcer ensuite d'absorber celle-ci dans le sein de l'Absolu.

Embrase ton âme du feu alchimique, du feu qui ne brûle pas. Je t'enseignerai à le recueillir ; et il formera autour de toi un cercle protecteur, qui t'isolera des Influences Mauvaises.

Garde-toi de vouloir goûter les fruits de la vie mystique, avant d'avoir rien fait pour les posséder.

Ne dis pas — ô l'étrange paradoxe : — « La Voie est trop aride, et pour triompher des difficultés de la Voie il faut être un Saint. »

Mais au contraire les Saints ne sont devenus tels que parce qu'ils ont su d'abord triompher de ces difficultés. Ils ont débuté comme toi, dans le néant ; ils ont gravi comme toi l'échelle philosophique en commençant par le premier degré.

Ne demande donc pas la foi pour pouvoir prier ensuite. Prie d'abord, et la foi inondera ton âme.

Mais j'en ai assez dit pour que tu saches que tu dois désormais te former un corps mystique, qui se substituera en tous tes actes à ton corps visible pour employer utilement tes forces immatérielles. Et ainsi tu vivras dans l'hyperphysique ; et c'est là la Voie.

MÉDITATION III

IGNIS PHILOSOPHICVS

L e président d'Espagnet a dit : « La régénération du monde se fait par le moyen d'un esprit de feu qui descend en forme d'une eau qui enlève la tache originelle de la matière ».

C'est d'en haut que tu dois faire descendre le feu philosophique qui purifiera tes concepts et abstergera ton âme.

Il y a ici un très grand mystère.

Ce feu énigmatique, tu ne l'obtiendras que par un effort merveilleux de volonté et par une ardente efflagitation.

Ces choses sont en la miséricorde de Dieu, comme dit Basile Valentin. Pontanus avoue avoir erré plus de deux cents fois, quoiqu'il travaillât sur la vraie

2

matière, parce qu'il ignorait la nature du feu philosophique.

Que tes mains et tes intentions soient pures, sinon
cet adjuvant céleste te sera totalement refusé.

Il est l'influx astral, l'éclair cœligène jaillissant
de la nue sur l'athanor, le lien unissant le macrocosme et le microcosme. Sans lui tu ne peux rien
accomplir, et avec lui tu es fort de toute force.

Zarathoustra l'appelait Berezesengh, le feu qui se
tient devant Ormuzd. Mosché l'a nommé רו ; et
les Mages l'ont exprimé ainsi sur les briques Khal-
déennes ; contemple cette effigie :

$$\blacktriangleright\cdot\text{YYY}\blacktriangleleft$$

C'est l'Esprit même de Dieu qui descend impé-
tueusement dans le Philosophe, et qui, se combinant
avec le feu central, c'est-à-dire la propension inté-
rieure de son âme vers le Mystère, le fait vatici-
ner et lui donne le pouvoir d'accomplir des miracles.

Recueille-toi, mon Disciple ; tu dois être le temple
de cet esprit ardent qui opère de grandes choses.

Souviens-toi que les cendres des Philosophes con-
tiennent le diadème de leur Roi. Ferme ton âme

aux impressions extérieures. Lute ton athanor avec le lut de Sapience. Ne regarde pas au dehors dans les ténèbres; reste au centre; rapproche-toi le plus possible de l'ignition, de peur d'être emporté dans la circumversion, dans le tourbillon glacé du Maudit qui rugit, *quærens quem devoret*.

Prends garde aux lémures mortifères, aux esprits cataboliques qui rôdent autour de toi. Vois les empuses qui te guettent; invoque les égrégores; réchauffe bien en ton sein l'oiseau d'Hermès.

L'Alcyon va naître, mon Disciple; réjouis-toi; et si tu sais provoquer ce courant magnétique qui doit s'établir entre toi et les sphères supérieures, tu possèdes le Magistère, et le reste n'est que jeu d'enfants.

Vois, sculpté sur le portail droit de Notre-Dame de Paris, l'évêque juché sur l'aludel où se sublime, enchaîné dans les limbes, le Mercure Philosophal. Il t'enseigne d'où provient le feu sacré; et le Chapitre, laissant, par une tradition séculaire, cette porte fermée toute l'année, t'indique que c'est ici la voie non vulgaire, inconnue à la foule, et réservée au petit nombre des élus de la Sapience. Mais il n'est pas permis d'en dire davantage à ce sujet.

MÉDITÀTION IV

DISSOLVTION

ROGER Bacon a dit : « Il faut que le corps devienne esprit et que l'esprit devienne corps ».

C'est la solution de l'Œuvre.

Pour la réaliser, ton propre corps, embrasé par le feu philosophique, corrodé par l'eau ardente des contritions, doit atteindre un tel degré de pureté qu'il s'immatérialise vraiment.

Alors, se transfigurant comme sur un Thabor, il deviendra inaltérable ; il ne sera plus un impédiment à la vie spirituelle, mais au contraire, à l'égal des corps glorieux, il participera de celle-ci et contribuera lui-même, — ô prodige ! — à l'Œuvre.

Corporéifie ensuite ton esprit, c'est-à-dire projette un regard scrutateur sur cette impalpable substance

de toi; dont tu n'as peut-être jamais songé à connaître la mystérieuse nature, quoique, constamment,
elle accompagne ton corps.

Etudie minutieusement tous ses rouages occultes
afin de savoir la diriger, de pouvoir ménager sa puissance et la sustenter de la nourriture intellectuelle
qui lui convient.

Tu possèdes, mon Disciple, un trésor immense de
forces cachées que tu ignores, forces considérables
et invincibles, ployées en toi, et qui surpassent toutes
les forces corporelles ; apprends à t'en servir, à les
faire obéir à ta volonté, à t'en rendre absolument
maître.

Et pour ceci tu dois d'abord retrancher de ton
intellect tout ce qui est superflu et obsolète.
Emonde vigoureusement la frondaison de tes
pensées vulgaires. Taille hardiment dans cette futaie
des lieux communs et des banalités qui peuvent
t'occuper encore. Elague tout ce qui ne représente
pas de la vigueur et de la force ; c'est une végétation
malsaine qui ne produit que des déperditions
d'énergie spirituelle.

La pensée est une substance de nature presque
fluidique. Une fois émise, elle existe.

La pensée est immuable. Elle provoque dans la
sphère de l'existence pure un écho qui résonne
dans l'éternité. Garde-toi donc des cogitations infer-

nales que tu peux créer et qui se fixeront à toi pour ta damnation.

Sois pur, car c'est ta vertu elle-même que tu dois projeter sur l'athanor pour l'animer. Évite les actes indifférents en eux-mêmes. Que ton regard n'erre jamais sur les objets qui ne valent pas un instant de ton attention ; c'est une parcelle de ton être que tu perdrais sans jamais la pouvoir récupérer.

Puis, libéré alors du fardeau des inutilités, recueille précieusement ce que tu veux conserver de forces vives, et dirige-les sur l'Œuvre avec véhémence. Observe avec attention les couleurs du Magistère, et fais converger, vers le but final, tes moindres actes.

D'aucuns te diront que la puissance miraculaire s'acquiert et se transmet par un souffle, un mot murmuré kabbalistiquement à l'oreille, une lecture de quelques pages en un grimoire ou la confection d'une baguette.

Apprends, au contraire, qu'un tel pouvoir ne te sera conféré que par une laborieuse et lente culture des forces psychiques subsistant en toi à l'état latent.

Il faut t'abstraire dans la vie supérieure en exaltant puissamment ta volonté, opérer une véritable ségrégation de toi-même d'avec le monde physique et extérieur.

2•

Elève autour de toi comme un mur qui retienne ce qui émane de toi vers les choses sensibles ; enferme-toi ainsi dans la citadelle hermétique d'où tu sortiras un jour, invulnérable.

Sans doute, tu vois déjà poindre quelque peu la Lumière que je t'ai promise, et tu te réjouis.

Patience ! songe à ton impéritie ! Tu n'es qu'au IVe degré de la Voie de l'Absolu. Il te reste plus de la moitié du chemin à parcourir, et tu peux encore trébucher sur la route, et choir.

De plus habiles que toi sont tombés, qui touchaient
presque au but. Un doigt sur la bouche,
comme Harpocrates, et prie, mon
Disciple, dans le si-
lence de ton
âme.

MÉDITATION V

CONJONCTION

Frère Basile Valentin a dit : « Et la voix mélodieuse de la Royne plaira grandement aux oreilles du Roy igné ; il l'embrassera amiablement pour la grande affection qu'il lùy porte, et sera repeu d'icelle iusques à ce qu'ils disparoissent tous deux, et d'eux deux ne soit faict qu'un corps ».

Le Grand Œuvre est une éthique transcendentale.

Or, il est facile à l'Adepte d'éliminer de son existence les impédiments des pensées superflues et des êtres importuns.

Mais il rencontrera de sérieuses difficultés, s'il veut, obéissant à la norme d'activité et de passivité d'après laquelle est construit le macrocosme, reconstituer en lui-même l'androgynat édenique par l'assimilation d'une autre vie à la sienne. I.. est l'obstacle, l'offendiculum véritable.

C'est en vain, mon Disciple, que tu accompliras les ablutions préparatoires et que tu revêtiras la robe de lin sacré. Si ton cœur n'est pas pur, ce n'est pas le vêtement qui le mondifiera et qui saura te dérober à l'œil de la Divinité.

Il n'est pas de déperdition de forces psychiques comparable à celle que provoquera en toi la multitude des convoitises. C'est un envoûtement auquel Schelomoh lui-même n'a pas résisté.

Qui purus est, is certus est augur; c'est Paracelse qui te l'enseigne, et la parole de ce maître est précieuse.

Ne marche pas dans les voluptés innommables. Ne ceins pas ta jambe de la jarretière de peau de loup. Garde-toi d'allumer le cierge vert qui dirige la femme vers les ténébreuses luxures. Redoute les incantations et les philtres d'amour, et porte au doigt la topaze qui réfrène la lubricité et qui chasse les phantasmes de la nuit. Défie-toi du crapaud de la sorcière, et ne t'endors pas, comme Merlin l'Enchanteur, dans la forêt de Brocéliande, où Viviane la perfide t'enchaînera pour les siècles.

Si tu choisis une compagne, le lien qui t'attache à elle doit être indissoluble, puisque tous deux, un jour, vous contemplerez l'Absolu face à face.

Avec elle tu dois partager les joies éternelles. Ses pensées, comme les tiennes, doivent donc converger toutes, vers la possession de l'Absolu.

Tu ne peux vivre qu'auprès de celle qui chemine, la main dans la main, avec toi dans la Voie, qui recherche avec toi la chose à trois angles, et t'adjuve au Grand Œuvre.

L'épouse de l'alchimiste, c'est Pernelle, discrète et savante, portant au doigt l'anneau du souverain lien, reflétant toutes les pensées du maître, et veillant à son tour sur l'athanor lorsque l'heure l'exige.

Si tu as mal choisi, jette un dernier regard sur ce mystère qui ne t'est pas destiné ; emplis tes yeux de sa clarté, et ferme ce livre.

Tu peux quitter la Voie de l'Absolu, auquel jamais tu ne parviendras. Descends vers la géhenne, malheureux ! avec l'être inutile que tu as attaché à ta chair, avec l'écorce vide que tu traînes avec toi, et rentre dans la voie de la médiocrité qui est désormais tienne, et d'où jamais tu n'aurais dû sortir.

Mais si ta compagne orne vraiment ta vie, continue avec elle la progression contemplative vers l'Absolu.

Elle doit tirer — la merveilleuse ! — le même fruit que toi des présentes méditations.

Mais n'oublie pas que sa voie de perfectibilité,

malgré l'homœomérie du but final, est différente de la tienne, ce que tu connaîtras en étudiant avec soin sa constitution microcosmique.

Paracelse l'enseigne expressément : *Archæus alius in viro, alius in fæmina.*

C'est de toi qu'elle doit recevoir l'initiation, comme tu la reçois toi-même de la Divinité. Retiens ce point essentiel, et garde-toi de l'orienter dans une voie qui n'est pas la sienne. Place la pomme d'or dans l'une de ses mains et le flambeau allumé dans l'autre.

Le feu et le menstrue dissolvant, voilà la clef de l'Art Majeur.

Si tu les connais, tu es alors dans la Voie
Royale et tu verras bientôt le jour
éternel, le jour qui ne
finit pas, *qui nes-*
cit occasum
dies

MÉDITATION VI

PVTRÉFACTION OU HYLATION *sive* MORS

LE Cosmopolite a dit : « Celui qui ne descend pas ne montera pas ».

Voici, mon Disciple, l'épreuve des épreuves, celle où t'attendent, ricanantes et pallides, les Influences Mauvaises, dans l'espoir de te voir trébucher et retomber dans les ténèbres extérieures.

Si tu y résistes, le Phœnix, succédant à l'Alcyon, va éclore pour toi.

Le monde n'a pas conscience des supériorités naissantes. Prends donc la sainte habitude de souffrir le mépris de ceux qui valent moins que toi.

Pénètre-toi de cette vérité qu'il ne te sera jamais rendu justice, sinon lors de ton ayènement dans la Lumière.

Il faut que tu deviennes complètement indifférent à l'opinion des hommes, ce qui est plus facile à exprimer qu'à réaliser.

Que t'importe de passer dans la foule pour une vague unité, lorsque tu as conscience de ta Royauté intellectuelle ?

Œuvre selon ta conscience, sans te soucier du résultat.

Accepte la gloire comme un fardeau, et ne la désire pas, sinon la gloire éternelle, celle des Philosophes : l'Absolu.

Si tu recherches l'assentiment humain, tu marches vers les ténèbres ; tu es hors de la Voie.

Si tu désires être un Saint pour que l'on te reconnaisse comme tel, il est certain que tu ne le deviendras jamais.

La puissance miraculaire s'hyperconcentrera en toi lorsque tu ne la convoiteras plus, lorsque tu auras tué en toi l'ambition de la posséder.

Alors, en usant de ce pouvoir qui émerveillera les hommes, ton cœur, devenu insensible, ne s'enorgueillira pas.

Mais que de chemin à parcourir pour obtenir ce résultat !

Anéantis-toi, mon Disciple, dans un abîme d'humilité. Sois infime parmi les infimes. Deviens obscur, obscur. Cache-toi comme ce disciple de

Khoung-Tseu qui arrachait des larmes d'admiration
à son maître et lui faisait dire : « Oh! qu'il était
sage, Hoéi ! Il demeurait dans un réduit au fond
d'une rue étroite et abandonnée, et pourtant cela ne
changeait pas la sérénité de Hoéi ! Oh! qu'il était
sage, Hoéi ! ».

Rappelle-toi cette parole : « La patience est
l'échelle des Philosophes et l'humilité est la porte
de leur jardin ».

Abaisse-toi et tu te transfigureras un jour, et tu
te réveilleras, brillant et radieux, dans l'amplexion du
Roi de Gloire, du Roi Oriental séant sur son trône,
comme disent les vieux maîtres, et tu entreras dans
la Mer Pourprée qui est le Magistère des Philosophes.

Mais tu n'es encore que le mercure lépreux
qui a fait mourir le Soleil de
justice sur l'effigie
du quaternaire,
souviens-
t'en !

MÉDITATION VII

SVBLIMATION. DISTILLATION

Nicolas Flamel a dit : « Cette opération est vrayement un labyrinthe, parce qu'icy se présentent mille voyes à mesme instant, outre qu'il faut aller à la fin d'icelle, justement tout au rebours du commencement.

L'affliction est la semence de perfection.

C'est véritablement le menstrue des Sages ; c'est le Lion verd des Philosophes, l'eau Pontique qui ne mouille pas les mains, *l'acetum acerrimum* ou vinaigre très aigre au moyen duquel s'extrait de la tête de corbeau, le véritable Lait de la Vierge, et l'Elixir pour la multiplication.

Tu dois faire converger vers le but suprême chaque circonstance de ta vie, mais principalement

3

les peines et les souffrances quotidiennes ; et il t'en adviendra beaucoup, car « les disciples des Sapients ne trouvent pas de repos en ce monde », dit Rabbi Issachar Baër.

Tu peux tirer de celles-ci un parti merveilleux, en obtenir l'eau régale qui corrodera toutes tes impuretés.

Savoir extraire des difficultés mêmes de la vie, un ferment de perfection, et les transmuer en autant de forces vives dans le plan hyperphysique, c'est l'alchimie majeure contre laquelle rien ne prévaut ; c'est la déalbation magnifique, l'*aurum de stercore* de Virgile, le *morbus quilibet purgatorium* de Paracelse.

Ne profère donc pas un murmure lorsqu'un de tes projets n'est pas couronné de succès. Tu ne tarderas pas à comprendre qu'il était nécessaire qu'il en fût ainsi, et que les déceptions momentanées devaient te préparer plus tard des avantages inattendus.

Geber enseigne qu'il est presque obligatoire que l'alchimiste erre plusieurs fois.

Contente-toi donc, dans l'adversité, de penser, sans exacerbation, que ta vue intellectuelle se trouve, à ce moment, obscurcie, et que la voie d'où tu as été rejeté et que tu croyais excellente, ne l'était pas. Tu en acquerras bientôt la certitude, et tu reconnaîtras l'enchaînement toujours admirable des effets et des causes.

Garde-toi surtout de porter envie aux triomphants du jour et de l'heure. Tu les entendras, mon Disciple, railler ton ascèse et mépriser ton effort.

« Nous ne prions pas, disent-ils, — les inaniloques ! — nous ne prions pas, et pourtant nos affaires prospèrent ! Nous blasphémons Dieu, et Dieu ne paralyse pas notre langue ! »

Mais que prouve cela ? Que leur Père Céleste est bon et qu'ils sont mauvais ; rien de plus.

Pour toi, mon Disciple, poursuis avec persévérance ton incès dans la Voie. Ne te lasse pas. Les maîtres eux-mêmes ont, plusieurs fois, recommencé l'Œuvre.

Mais sache comprendre que nul enseignement acroamatique ou érotématique ne saurait remplacer l'assimilation lente de la doctrine alchimique, par une étude approfondie et consciencieuse des livres des maîtres.

Ce n'est qu'après de longues années que commencera à poindre pour toi, la Lumière.

Alors, dans des textes où le profane ne voit que matière à sourires, tu percevras déjà des rapports subtils, des jalons te guidant parmi les obscurités de la Voie.

L'alchimie n'est pas une hémérèse ; c'est l'œuvre de la vie entière ; elle fait corps avec l'existence de l'Adepte. La possession du Grand Œuvre est le couronnement de la vie. Tu ne l'obtiendras qu'une fois, de même que tu ne vivras qu'une fois sur terre.

Atteindre l'Absolu à vingt ou trente ans est donc illusoire; à cet âge tu es seulement sur la Voie ; et tu ne peux abandonner celle-ci sans perdre en même temps l'espoir d'y rentrer jamais.

C'est donc progressivement que tu découvriras la vérité dans la parole des maîtres ; ne demande pas d'être au terme du voyage avant d'avoir parcouru le chemin nécessaire pour y parvenir. Si tu es quelque peu avancé dans la Voie, tu reconnaîtras qu'il est impossible de parler plus clairement.

Mais combien, plus tard, les paroles maintenant obscures et incompréhensibles, te sembleront lumineuses si tu n'as cessé de travailler suivant les prescriptions des maîtres !

Tu souriras alors, en connaissant si simples, les notions qui te paraissaient si abstruses lorsque tu n'étais qu'un profane, et tu avoueras qu'il n'était pas d'explication possible, avant l'investigation personnelle, destinée à préparer ton esprit à recevoir les semences du vrai.

Et c'est dans ce sens qu'il est dit que
nul ne peut être initié
que par soi-
même.

MÉDITATION VIII

COAGVLATION, MVTATIO COLORIS, CAPVT CORV

L B Bienheureux Raymond Lulle a dit : « Et ainsi, tu auras un perpétuel trésor que tu pourras augmenter indéfiniment, et par lequel tu accompliras l'Œuvre jusqu'à l'infini. »

Et maintenant, voilà la grande page mystique, celle que ne doivent pas lire et que ne comprendront pas, ceux qui ne sont pas totalement détachés du souci des contingences et du fracas des opinions humaines.

As-tu écarté de ton âme toutes les sensations qui pouvaient y introduire le déséquilibre, troubler ta sérénité astrale?

Es-tu suffisamment prêt pour commencer à agir avec efficacité dans l'immatériel ?

Alors exerce-toi à recueillir tes forces animiques et psychiques. Coagule-les. Donne du corps à chacune de tes pensées. Affermis-les en les précisant avec soin et en les concrétisant en ton esprit.

Elles sont nombreuses, mais elles 't'échappent parce que tu ne sais comment les maîtriser.

Garde-toi d'en perdre aucune, de laisser fluer cette puissance précieuse, de la disséminer sur des notions inutiles et vaines.

Détermine exactement, au contraire, celles sur lesquelles tu veux fixer ton attention : élimine et rejette toutes les autres. Puis rassemble, comme en un faisceau, tes pensées volontairement émises et consacre-les en les proférant verbalement avec énergie et volonté ; et ainsi tu accompliras de grandes choses.

Arnauld de Villeneuve appelle ceci l'Angle de l'Œuvre.

Recueille donc avec soin l'eau Pélidor qui est d'un vert naissant. Transmue les Eaux Mortes en Eaux Vives. Prépare la résurrection de l'oiseau d'Hermès.

Ici surtout, il faut purifier tes intentions et ton cœur. Que vers le bien seul, s'oriente ta volition.

Prends garde, mon Disciple ; tu cours en cette phase un très grand danger. Tout mauvais vouloir, par toi émis, se retournerait contre toi-même. Ne cherche pas à écarter les impédiments en proférant, contre ceux par lesquels ils t'adviennent, la formule de malédiction. Celle-ci est irrécupérable et son vœu sinistre, une fois formulé, s'accomplit toujours.

Ce n'est pas pour la vengeance que le pouvoir t'est donné. Ne te fourvoie pas. C'est la Voie Royale, la Voie de l'Absolu que tu suis, et non la voie ténébreuse.

Jugule les éclosions malsaines de ta pensée troublée. Ne pactise pas avec le Maudit. Repousse les consomniations infernales et les cogitations morbides.

C'est le Soufre des Philosophes, le Soufre qui illumine tout corps parce qu'il est lui-même lumière et teinture, que tu recherches avec avidité ; crains de rencontrer à sa place l'Asmodai qui séduisit Aischa.

Mais j'ai dit. Je ne puis, mon Disciple, te révéler
l'ensemble des arcanes hermétiques ; il suffit
que je t'indique la Voie qui conduit
à ces arcanes. C'est ta volonté
et ton intelligence qui
parachèveront, avec
l'aide de Dieu,
l'Œuvre.

3*

MÉDITATION IX

FIXATION

MESSIRE Jehan de Meung, en son Mirouĕr d'Alquimie a dit : « Nostre science est science corporelle, d'ung et par ung simplement composée ».

Unique, en effet, la modalité suivant laquelle se recherche et se conquiert l'Absolu.

Celui qui s'achemine vers la perfection vraie s'élève au-dessus de la nature ; et celui qui est au-dessus de la nature peut commander à la nature.

C'est ainsi que tu pourras faire des miracles et transmuer les métaux et les gemmes.

As-tu compris ici, mon Disciple, la subtile difficulté de l'Œuvre ?

Tu n'obtiendras la Pierre que lorsque tu seras

devenu parfait. Et tu ne seras jamais parfait, si tu
recherches la Pierre à cause des richesses qui
l'accompagnent. Donc, lorsque tu posséderas la
Pierre, tu n'auras, fatalement, par ta perfection même,
qu'un souverain mépris pour les avantages matériels
qu'elle te prodiguera.

Car tu seras alors dans l'extase ; tu pourras te
rendre invisible, évoquer les morts et franchir ins-
tantanément les plus grandes distances ; tu vivras
d'une vie superéxaltée qui s'alimentera et subsistera
d'elle-même, te laissant indemne de tout besoin et
de tout désir.

Vois donc le vulgaire se cantonner dans d'étranges
sophismes : « Si vous possédiez la Pierre, vous se-
riez puissamment riches, disent-ils, scommatiques,
et vous exulteriez dans la joie et dans l'allégresse ! »

Et d'autres, sans foi en leur âme et sans pureté
en leur cœur, ont ouvert les livres des alchimistes.
Ils ont manipulé des substances, soufflé en des
athanors, calciné des mixtes, sans comprendre qu'il
faut avoir fait une longue stase dans l'Oratoire,
avant d'oser entrer dans le Laboratoire.

Et devant l'insuccès fatal, enflés de vanité, ils ont
déclaré trompeuse et illusoire la parole des maîtres,
plutôt que d'avouer qu'ils s'étaient trompés eux-
mêmes !

Laisse là les obstrigillations et les scurrilités de ces censeurs ignorants et vains.

Ils raillent les Alchimistes qui sont morts indigents et inops ; mais sache, mon Disciple, que lorsque tu posséderas la Pierre, tu dédaigneras littéralement de faire de l'or physique.

Car tu seras un Saint et tu commanderas aux éléments.

Quelle émotion, lorsque tu parviendras au seuil de l'Infini, perdu dans la contemplation suprême de l'Absolu, pourras-tu éprouver encore à la vue des richesses temporelles ? Serais-tu parfait si tu étais encore assujetti aux nécessités vitales, si tu n'avais tué en toi tout désir humain ?

C'est pourquoi Grosparmy affirme que : « oncques ne fut mémoire qu'avarieux possédât la Pierre. »

C'est l'évidence même.

La pratique de la Pierre et le désir de l'or sont incommiscibles. Entreprendre le Grand Œuvre pour s'enrichir, ce serait entrer à rebours dans la Voie de l'Absolu.

Tu obéirais alors à un instinct maléfique, et il ne doit plus s'en trouver un seul en toi. Comment pourrais-tu commander à la nature si tu n'avais d'abord commandé à toi-même ?

Ce n'est pas que tu ne puisses, un jour, pour quelque motif supérieur, tenter l'Œuvre dans le plan physique, et transmuer matériellement les métaux. Plusieurs adeptes, Nicolas Flamel, Jehan Saunier, Zachaire et d'autres, l'ont fait ; et peut-être y seras-tu contraint, bien que désabusé du monde, par des obligations transcendantes.

Mais souviens-toi qu'un autre, et non toi, usera alors des richesses ainsi produites qui jailliront avec profusion de ton athanor. Et cet être, doué d'une vie ardente et sauvage, brillant et impétueux comme l'animal des forêts, mais comme lui, cruel et sans âme, sèmera partout le désordre, l'épouvante et le malheur, jusqu'au jour où il succombera sous les coups invisibles d'un de tes frères en Sapience, qui aura reconnu en lui une incarnation du Maudit !

MÉDITATION X

LILIVM ARTIS. QVINTESSENCE OV ELIXIR PARFAIT

MAITRE Albert le Grand, archevêque de Ratisbonne a dit : « Ici sont cachés des trésors inappréciables, et nul ne les connaît sinon ceux à qui Dieu veut les révéler. »

Resplendis dans la gloire, mon Disciple !

Je t'ai conduit jusqu'au xᵉ grade ; et sur la Voie véritable, tu as appris à purifier tes concepts, à affiner tes pensées. L'oiseau d'Hermès s'est transformé maintenant en Pélican ; et bientôt se lèvera devant toi le voile qui recouvre l'Absolu !

Tu te trouves maintenant, comme l'homme universel dans le Pardès, en présence de deux arbres : l'arbre de la Vie et l'arbre de la Science.

Le premier, c'est la Voie spirituelle de la contemplation mystique ; c'est l'anagogie, l'extase. L'autre c'est la voie du raisonnement, de l'objection et du doute, le chemin des sophistes et des logodædales.

Choisis celui dont tu veux recueillir les fruits, et garde-toi de toute erreur.

C'est ici que la déréliction de la Voie de l'Absolu est particulièrement dangereuse ; mais sache, pour t'éclairer dans ton choix, que tout ce que la science nous enseigne, en des milliers de livres, tu peux l'acquérir en quelques secondes par l'illumination mystique, parce que ton esprit, se trouvant face à face avec l'Absolu saisit alors la Clef de l'harmonie universelle.

Et cette Clef, les livres ne te la donneront jamais !

C'est en vain que tu liras tout ce qu'ont écrit les maîtres. Si tu ne la possèdes pas, tu ne comprendras rien à leur langage.

Sauras-tu triompher de l'épreuve liminaire du doute ? Prends garde ! ton avenir éternel s'y trouve engagé tout entier. Si tu succombes, tu ne verras jamais la splendeur ; et rappelle-toi que l'occasion d'être initié est unique en la vie. Si tu la laisses échapper, jamais elle ne sera réitérée.

Demande la Lumière à la Lumière elle-même, Φῶς ἐκ φωτὸς. Tu ne l'obtiendras pas autrement.

« Blanchissez le laiton et déchirez vos livres, de peur que vos cœurs ne soient déchirés par l'inquiétude ! », s'écrie le sage Morien.

Les livres ne sont que trop nombreux, en effet; mais c'est l'énergie et la volonté qui manquent le plus souvent pour parfaire la Pierre.

Le Grand Œuvre ! mais il est écrit partout ! il est exposé à tous les regards, aussi clairement exprimé qu'il est possible de le faire sans violer le secret des Adeptes.

Tu peux le lire sur le portail droit de Notre-Dame de Paris et sur la tour de Saint-Jacques-la-Boucherie. Je l'ai trouvé isagogiquement dessiné sur les vitraux du chœur de la Madeleine, à Troyes, et sculpté dans le palais de l'alchimiste Jacques Cœur, à Bourges.

Il est révélé dans les Lettres Milésiennes, dans le Κὸγξ ὀμ παξ des Grecs, dans le פרדס et le גנט des Kabbalistes. On te l'enseignera à Bénarès dans la formule :

श्रीं मणि पदो हूं

« Blanchissez le laiton et déchirez vos livres ! » Oui, mon Disciple, l'Œuvre tout entier est là.

Conquiers l'Urim et le Thummim. Cueille
le fruit de l'arbre de l'Edot gnos-
tique. Le Joyau est dans le
Lotus ! Souviens-
t'en, et l'Uni-
vers est à
toi !

MÉDITATION XI

MULTIPLICATION

BERNARD, comte de la Marche Trévisane a dit : « Le Mercure des Philosophes se sublime quelquefois en un corps resplendissant et coagulé. »

Déjà, mon Disciple, tu peux recueillir les fruits du Magistère, si tu as exercé habilement et puissamment ta volonté, selon les normes que je t'ai enseignées.

Les diathèses de ton esprit et de ton âme t'indiqueront manifestement ce résultat.

Lorsque toutes les circonstances de ta vie commenceront à s'enchaîner suivant l'expression de tes désirs, lorsque les difficultés s'aplaniront miraculeusement devant toi, lorsque tu verras

4

toutes les volontés plier devant la tienne, et tes ennemis concourir eux-mêmes inconsciemment à l'accomplissement de tes projets et à la réalisation de ton destin, tu pourras avoir la certitude alors, d'être parvenu bien avant dans la Voie.

Et voici l'opération ultime de la Philosophie hermétique, réservée à ceux qui sont parvenus à l'apogée de la Sapience, et que je confie à ta prudence et à ta discrétion.

Les forces que tu as acquises subsistent en toi à l'état latent, comme un trésor caché. C'est la Pierre dans sa blancheur, que tu as obtenue par le Mercure, le Feu et l'Elixir.

Il faut donc, pour mettre en œuvre ces forces secrètes, connaître et pratiquer la Multiplication des Sages.

Lorsque tu te tiendras au milieu de tes frères assemblés pour l'oraison, leurs cœurs étant parfaitement contrits et leurs âmes sublimées, et que tu jugeras l'atmosphère astrale saturée d'intentions droites et de volontés ardentes, empare-toi avec callidité et énergie de ces irradiations éparses, et réunis-les en un courant unique que tu dirigeras à ton gré, et par le moyen duquel tu véhiculeras l'expression de ton vœu spécialement formulé.

Tu élèveras ainsi entre la terre et le ciel, et toute chargée de ta puissance volitive, une sorte de

colonne fluidique qui s'animera d'un violent mouvement giratoire en produisant le bruit d'un torrent
ou d'un vent impétueux, et qui parfois, pourra
devenir visible en s'embrasant soudain d'une lumière
éclatante.

Et alors tu verras de grandes choses s'accomplir par
toi-même, et sans que les hommes connaissent ta
puissance ni ne supputent la splendeur de ton âme.

Réjouis-toi donc, ô mon Fils, d'être, dans ton
obscurité, un des élus, un de ceux qui savent !

Te voilà appelé à recueillir l'héritage, à continuer
en ton siècle, la tradition de ces maîtres illustres qui
t'ont précédé dans l'Absolu.

Vois, mon Disciple, les Geber et les Raymond
Lulle, vois Arnauld de Villeneuve et Morien, et
Artéphius, et Schelomoh, et Marie la Prophétesse,
qui te contemplent dans leur gloire.

Tu possèdes leur secret, l'arcane suprême qu'ils
ont célé précieusement au vulgaire et à la foule.

Sache donc te montrer digne de ces magnifiques
et de ces superbes.

Qu'ils puissent saluer du baiser aditial ton en-
trée dans l'Absolu, et que jamais
ils ne te rejettent comme
parjure dans les
ténèbres exté-
rieures.

MÉDITATION XII

AVGMENTATION OV PROJECTION

Hermès Trismégiste a dit : « Venez, Fils des Sages ; réjouissons-nous tous ensemble ; faisons éclater notre joie par des cris d'allégresse, car la mort est consumée. Notre Fils règne et il est revêtu et paré de sa pourpre ! »

Hosannah ! mon Disciple ! Tu es parvenu au dernier détour de la route ; tu as gravi le degré ultime de l'échelle de perfection.

Revêts la Pierre de son manteau royal. Exulte ; rubifie-toi !

Voici que tu es investi d'un pouvoir splendide. Tu es dans l'anagogie, dans le Pardès. Tu peux, à ton gré, entrer dans l'extase, inonder tes yeux de la céleste Lumière, t'abstraire loin d'ici-bas, dans la contemplation de l'Absolu.

L'ostension de tous les mystères s'est effectuée à tes yeux. Ta puissance est vraiment illimitée.

Parvenu à ce sommet de la perfection, tu as entièrement assujetti tes énergies physiques aux forces de ton âme.

Tu possèdes la paraclèse pour tous les maux, le panchreste universel !

Ta vie se sustentera d'elle-même, car tu sauras puiser directement à la source de la vitalité.

La distance et les obstacles n'existeront plus pour toi ; tu commanderas à la nature et aux éléments ; tu verras dans l'avenir et tu liras dans les consciences.

Et tu auras reconstitué ainsi l'état édenique primordial ; et cette vie surélevée sera semblable, pour toi, à l'immortalité, dans laquelle tu entreras sans solution de continuité ni stase transitoire.

Ceci, mon Disciple, est la Résurrection de notre Roi de Gloire, qui vient à toi, éclatant de splendeur. Souviens-toi des maîtres ; ils ont tous accompli la transmutation du ☿ le jour de Pâques, au son des cloches et des chants joyeux de l'*Alleluia*, c'est-à-dire au sortir de la longue nuit pendant laquelle notre Roi, la victime paschale, est mort et a souffert.

Réjouis-toi de ce don divin qui t'est fait en ce jour !

C'est l'escarboucle véritable, le vitriol rubifié, le

baume de vie triangulaire, le *balsamum perfectum*, que t'offre la main de Dieu lui-même ; c'est la rosée du matin, la quintessence noblement distillée, le poisson sans os qui nage dans la mer philosophique, ce que les Alchimistes appellent d'un mot unique : l'Universel !.

Et maintenant te voilà devenu l'Aigle dont le regard fixe le Soleil. Ainsi j'ai tenu ma promesse et je t'ai conduit par la main, jusqu'au seuil de l'Absolu.

Si tu as tiré quelque fruit de la lecture de ces pages, rends grâces au Seigneur, et lorsque tu entreras dans la gloire, accorde, mon Disciple, quelque souvenir à ton Maître, à celui qui t'a indiqué la Voie véritable, qui ne trompe pas, la Voie Royale de l'Absolu !

ΤΕΛΕΥΤΗ

I. — L'Absolu est la synthèse de la perfection universelle.

II. — L'être qui possède en soi le sentiment de la perfection, est sur la Voie de l'Absolu.

III. — L'être qui a introduit en soi un élément de perfection, a cheminé sur la Voie de l'Absolu.

IV. — La Voie de l'Absolu conduit à l'absorption dans la Cause Première.

V. — La Cause Première est la perfection abstraite. Elle est l'Absolu lui-même.

VI. — La Cause Première est une, infinie, éternelle.

VII. — L'être qui a exalté en lui les trois notions d'unité, d'infinité et d'éternité au point de se les assimiler à l'exclusion de toute autre, s'est absorbé dans la Cause Première ; il a réalisé la perfection suprême ; il a parcouru la Voie de l'Absolu.

VIII. — La réaction du mouvement sur l'immobilité et de l'immobilité sur le mouvement se manifeste en toutes les choses perceptibles.

IX. — Le mouvement est la perfection et l'immobilité est la perfection.

X. — La Cause Première est immuable et elle est l'universel moteur. Elle est à la fois le mouvement et l'immobilité.

XI. — La destruction, en l'être, de cette dualité, le rejet de ce binaire par l'union de ces deux principes, à l'imitation de la Cause Première, conduit donc à la perfection. C'est la Voie de l'Absolu.

XII. — La Cause Première possède l'existence pure.

XIII. — Tout ce qui s'éloigne de la Cause Première tend, par des degrés successifs, vers la non-existence.

XIV. — Ce qui ne tend pas vers l'existence pure n'est pas dans la Voie de l'Absolu.

XV. — Toute chose possède dans l'Absolu son archétype parfait.

XVI. — La restauration de chaque chose en sa

véritable effigie suivant cet archétype, constitue la rédemption universelle.

XVII. — Chercher le Rédempteur universel, c'est cheminer dans la Voie de l'Absolu. C'est travailler efficacement au Grand Œuvre.

XVIII. — Les clefs de l'Absolu sont inscrites dans les nombres, car ceux-ci réfléchissent l'économie de ∽ la Cause Première et du plan de l'existence pure.

XIX. — Mais la Voie de l'Absolu n'est pas dans les nombres, car l'infini n'est ni la somme ni la limite des nombres.

XX. — La réduction de tous les nombres à l'unité doit donc être préalablement opérée avant a possession de l'infini.

XXI. — Car l'unité et l'infini sont les deux noms d'une seule et unique chose, et la Voie de l'Absolu n'est pas une progression véritable, mais une ascèse ; et c'est là le Grand Œuvre que les Philosophes ont enseigné.

Tel est, mon Disciple, tout le Magistère.

Comprends et trouve la vingt-deuxième clef, le Tau mystérieux qui ne s'écrit pas.

Retiens : Il n'y a qu'un seul œuvre ; il y a deux travaux, trois régimes, quatre opérations, sept degrés dans chacun des régimes et douze maisons célestes dans lesquelles s'accomplissent les quatre opérations.

La formule de la Pierre s'établit ainsi :

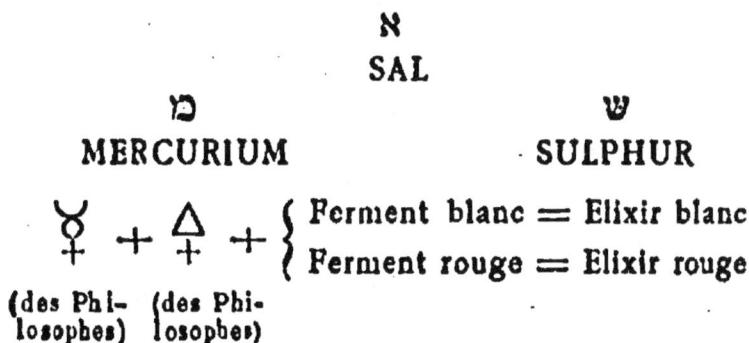

א
SAL

מ   ש
MERCURIUM   SULPHUR

$$\text{☿} + \text{🜍} + \begin{cases} \text{Ferment blanc} = \text{Elixir blanc} \\ \text{Ferment rouge} = \text{Elixir rouge} \end{cases}$$

(des Phi- (des Phi-
losophes) losophes)

Puis les quatre éléments, ou Tohou-va-Bohou, en-fermés dans l'Athanor aimanté par le Ruach Ælohim, le tout pendant une année et sept jours.

Lorsque tu connaîtras le diamètre spagyrique, tu pourras accomplir la quadrature du cercle philosophi-que. Contemple l'unité et son logarithme, l'infini et son logarithme, le zéro et son logarithme, et tu possèdes la Clef de l'Univers.

Te voilà donc muni, mon Disciple, du viatique de la Science suprême.

Tu as reçu des maîtres l'imposition des mains.

Revêtu de cette onction sacerdotale, tu vas maintenant, hélas ! rentrer dans le monde brumeux et morne, de tes jours antérieurs ! Il faut que tu te perdes de nouveau dans la foule des hommes, que

ton oreille entende, comme autrefois, les vulgari-
tés, les lieux communs et les blasphèmes.

Sans doute l'amertume singulière de cette épreuve
apporte ici quelque tristesse ; mais il est aisé d'en
triompher, car tu es le hiéracophore de l'antique
Sapience ; tu portes en ton cœur un trésor qui doit te
consoler de toute douleur terrestre, une lumière
qui doit illuminer éternellement ta vie. Ta mission
te place au-dessus de tous les hommes et ton
bonheur est incomparable, car pour toi la parole
d'Hermès s'est réalisée : « Ce qui était occulte et caché
deviendra manifeste ».

Et nulle angoisse ne saurait étreindre celui auquel
a été enseignée la Voie Royale de l'Absolu !

Ecoute saint Paul t'énonçant le grand arcane :

*Patres nostri omnes biberunt de spiritali, conse-
quente eos, petra :*

PETRA autem erat CHRISTVS

(I Cor., x., 4).

॥ ओं ॥

אגלא

Lutetiæ Parisiorum, 1906, le jour de l'Epiphanie.

PARASTICHIS

ACHEVÉ D'IMPRIMER

le 15 avril

de l'an mil neuf cent sept

DE L'INCARNATION DU VERBE

SUR LES PRESSES DE

BUSSIÈRE

A SAINT-AMAND (CHER)

www.ingramcontent.com/pod-product-compliance
Lightning Source LLC
LaVergne TN
LVHW050628090426
835512LV00007B/737